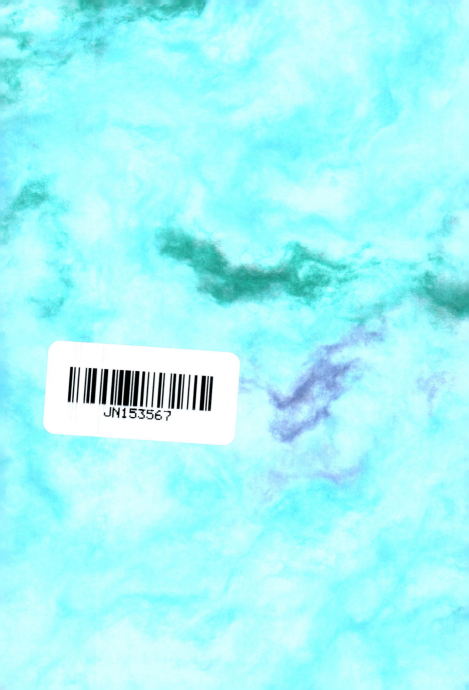

天命

MISSION

自分の人生を生きるということ

En Jyunan
円純庵

きずな出版

いかなる人間であろうと「天命」に包まれている。
国、民族、宗教、貧富などの違いはあれども、
すべてのものに陽の光を与えるごとく、
あまねく「天命」は存在している。

気づくことがなくとも、語ることがなくとも、
否定しても、蔑《ないがし》ろにしても、「天命」は存在する。

「天命とは、天が人間に与えた使命のこと」――『大辞泉』より

はじめに――

天命を知ることで、生き方が見えてくる

「天命」

それは古い表現かもしれない。

若い方なら、宗教や占いの印象もあるかもしれない。

しかし、古代より続く「天命」という言葉。

多くの聖人賢人たちが語ってきた「天命」。

誰もが持っている自分の「天命」。

その天命を知り、自分の天命を観ることは大事であろう。
なぜか。天命が創った道筋の上に自分が生き、活《い》かされているからである。

広く大きい「天命」の世界。
自分自身の天命を探しに行こう。

そして、過去の聖人や賢人たちが考えた「天命」を学び、自分自身の「天命」を感じよう。

自分を包む広く大きい「天命」は、自身の心にある。

著者

目次

第一章

「知る」―天命とは何か

第二章

「観る」――すべては生かされている

第三章

「自己」―「あなたらしく」ということ

第四章

「修める」─ 学び、そして自分のものにする

第五章

「実現する」──天が味方になる人生を創る

天命——自分の人生を生きるということ

第一章

知る

―天命とは何か

天命

―天が与えた運命があなたを創る

天が持つ無限の生命力。
すべてに命を与える永遠の力。

人間が知ろうが知るまいが、
止めることなく、その力は永遠に続く。
動植物を育て、人間も育てる。

天が与えた運命は心身双方に作用する。
とくに心へ与える「天命」は、
心で思うことを育てる作用を持つ。
普段、心で思うことが種となって、
心の大地で育ち、人生の花を育て、実をつける。

一生の道は、心を育てた「天命」による。
自分の運命は自分の心に作用した「天命」が創り、
心身共に自分自身の生涯を創る。

一生共にいる「天命」があなた自身。

天に任す

―従ってみよう

自分の未来は天に任す。
「任天《にんてん》」という言葉がある。
過去に何もしなければ、
何もしない花が咲き、
何かをすれば何かの花が咲く。

天に任すというのは、

天地自然の万法《ばんぽう》「天命」に従うことである。

心にあった「未来の種」が、
自分の言動によって育ち、
未来の自分自身を創る。

過去に成《な》したことが、未来の自分になる。

天に任すのは「過去の自分」を認めること。

過去に善の種を蒔《ま》けば、善の花が咲き、善の実を結ぶ。
それこそが天地自然の万法「天命」である。

太陽

―太陽にも「天命」がある

決められた時刻に天に昇り、天より沈む。
太陽自身が勝手に動いているわけではない。
天の動き「天命」によって動いている。
止めることなく、休むことなく、ひたすら動く。
「天命」に従順である。

この天命によって、多くの動植物が生かされている。
太陽の「天命」に「自我」「わがまま」「愚痴」は一切なく、
与えられた「天命」に努めている。

いつかは消えるであろう太陽の存在。
しかし、消えるまでは「天命」として燃え続ける。
地球上の生命体は、この「天命」によって生かされている。

太陽の「天命」は、
地球上の動植物から何事も一切見返りを受けていない、
絶対的な「天命」である。

それぞれの天命

――まずは知ること

多くの経書、宗教書に「天命」は登場している。
それぞれにとらえ方も異なる。

どれが正しいとか、違うとか、批判すべきことではない。
天からの使命と受ける人間、天が持つ万能の命、
天から与えられた寿命、為《な》すべきことを成すと思う人間など。
生きている道が違えば、天命のとらえ方も違うはず。

自分が感じる「天命」こそが「天命」である。
時に「天命」の内容も変わるかもしれない。
でも、変更や変化も「天命」の一種。
自分が気づき、納得するまで考えればよい。

植物でさえ、長い時間を掛け、
生き抜くための進化を遂げ、
天命をまっとうしようとしている。

まずは自分の天命を見つける、知ることであろう。

人事を尽くして天命を待つ

―成り行きに任せよう

世間でよく使うことわざに「人事を尽くして天命を待つ」がある。
中国古典『読史管見《とくしかんけん》』に、
「人事を尽くして天命を聴《まか》す」とある。
この聴すは「成り行きに任せる」の意味。
これが出典となって「人事を尽くして天命を待つ」になっている。
「人として為すべきことは成した、あとは天に任せるだけ」

自分がやるだけのことはやった、あとの結果は天に任せればいい、焦ってみても仕方がないので、落ち着いて構えることの意味。

この「人事を尽くして天命を待つ」の「天命」は、人間の力を超えた天の力による裁断である。

しかし、この「天命」は博打的な印象を感じる時もある。

いい加減な人事は、いい加減な結果にしかならない。

いい加減な人事で、都合のいい天命は下らない。

中途半端な人事では、天も命を下し難い。

見えない「天命」

―まわりを見わたしてみる

「天命」を見ることはできない。
しかし、過去の「天命」を観ることはできる。
「天命」と言われても、見えない無形のために、
理解し難いのは当たり前。

自己の天命を見るのは難しいだろうが、
自然界の「天命」を見ることはできる。

太陽にしても、星にしても、宇宙にしても、すべては「天命」。
でも、宇宙などの話は大きすぎて掴み難い。
路傍《ろぼう》の小花、杉や楠《くすのき》などの大樹、小さい昆虫、大きな動物、
すべては「天命」に逆らうことなく、生かされている。

目の前にある「天命」によって生かされている多くの生物、
その一部に人間も存在している。

「天命」を知らなくとも、「天命」が見えなくとも、
自分自身も「天命」のなかで生きている。

天命の時間

―今この瞬間をどう過ごしますか？

同じ時間を過ごすなら、楽しみ方もいろいろある。
知識を得て、心の栄養にするもいい。
自分の趣味を楽しむもいい。
何もせず、自分を観るもいい。
同じ時間で未来に花咲く使い方もあるし、
今だけを楽しみ、散るもいいだろう。

過去に使った自分の時間が今どのように広がっているのか、
また萎《しぼ》んでいるのかは、自分自身がわかること。

時間は自分の所有でもあるが、
環境によっても変化し、自分で使えない時も多々ある。
与えられた時間のなかで、心が豊かになり、
不安や迷いのない人生を過ごしたいものである。

そのためにも自分自身に必要な学問を見出し、
一生の「学び」とすれば、善《よ》い人生になるだろう。

年月

―長年考えたことが心身の資質になる

それは心身に蓄積したものである。
地上でいえば地層のようなもの。
心も身体もすべて「心で思うこと」の蓄積であり、
心身の地層となる。

一度溜まった地層は自分が掘り返すか、
新たな「思い」を重ねるしかない。

普段、何気なく考えていること、思うことが、
自分の人生を創っている。
心を学ぶことは自分の心を観る、書く、語る、おこなうことである。

自分の心こそ、あなた自身であり、
過去と現在を創ってきた。
そして、未来の自分を創る。

裕福な人生を歩みたければ、心の仁徳を高めよう。

神仏

―自分の心には神仏もいれば、邪鬼《じゃき》もいる

どうして人間には信仰があるのか。
動植物に信仰はない。
しかし、動植物は常に自然と一体化して、
無理なく生きている。

人間には「生きるための欲」があり、
その欲が善欲になったり、悪欲になったりする。

悪欲が強くなると、心の治癒がはじまる。
その時に「拝《おが》む」対象が欲しくなる。

また、現時点で無理な願望を叶えるためにも、
拝む対象が欲しくなる。
動植物にはない「拝む」心は、人間独特である。

あなたの心にも神仏や邪鬼がいる。
それも心次第で、登場する役目や時期が変わる。

陽は昇る

―これすなわち、人生

陽は昇り、陽は沈む。
栄枯盛衰《えいこせいすい》。
人生はまさに栄枯盛衰。
昇った陽は必ず沈む。
沈んだ陽は必ず昇る。

まさに波長のごとく、人生にも浮き沈みはある。

昇っている時は常に謙虚、
沈んでいる時は常に強い心でいる。
自分ばかりが辛《つら》いのではなく、
自分ばかりが楽しいのでもない。

すべての人に喜怒哀楽、艱難辛苦《かんなんしんく》、
大いなる試練が待ち受けている。

天地自然の万法「天命」は、常に上下波長の動きをする。
慌てず、焦らず、心落ち着けて甘受するのがいい。

消える

―時間を超越する

いつか自分の存在は消える。
百年前に人生を謳歌した人間もすべて消えた。
歴史の偉人や英雄たちもすべて消えた。
やがて悩み苦しんだ自分自身も消える。
幸福の絶頂だった自分自身も消える。

いかなる人生を歩もうとも、消える自分。

今の瞬間さえ消える。

心のなかにある「自分」は時間を超越して、
過去、現在、そして未来に生きられる。

しかし、心のなかにしか自分はいない。
明日の自分はわからないが、
「明日も生きる自分の心」だけが、
生きている自分自身である。
それが「天命」の相《すがた》。

偉大なる力

―宇宙も天命で創られる

宇宙はじめ人間そのものまで、
偉大なる力「天命」によって守られ、活かされている。
この力がなければ、宇宙間は乱れ、
星々は勝手な方向に進み、系列を成さない。

地球は太陽を中心に規則正しく廻《まわ》り、
万物を慈《いつく》しみ育てる。

人間の本能もこの偉大なる力をいただき、
生命活動を続けさせている。

偉大なる力、普段無意識で生きているが、
無意識であろうが、有意識であろうが、
ひたすらに生かし、活かすことに専念している。

時折、この偉大なる力「天命」に感謝をして、
自分自身を省みて、この力に反していないかを、
判断してみよう。

和

―最も大切にするべき心の在り方

「天命」の和とは仁徳を意味し、
人を和み、睦《むつ》み合うことである。

人間関係で最も貴き心。

日々、他人との関係で「和」を以《も》ってすれば、
争うことなく、嫉妬することなく、恨《うら》むことなく、

心は安定した人生を歩むことができる。

しかし、それができないのが人間。
それゆえに「徳・仁・義・礼・智・信」の修学が必要。

人間だからできないとあきらめない、
逃げない、批判しない、理屈を言わない。
自分を安定させるためにも、和を学ぶ心を持つ。
人間として生きる以上、人間関係は大事である。

自分を生かしてくれる多くの人、
自分を活かしてくれる多くの人と、「和」の心を以って接する。

「天命の偉大なる力や作用は、
好き嫌い関係なしに与えられる」

第二章

観る

―すべては生かされている

大樹

―私たちの身近にある天命

太陽から光を受け、大地から栄養を摂って生きている大樹。
小さき種からはじまった植物の一生。
路傍の小花もあれば、樹齢何千年の大樹もある。

それぞれに生き方のある植物たち。
心臓や内臓もなければ、視聴覚器官もない。
愚痴を言うこともなく、嫌で逃げ出すこともない。

ただ、ひたすら与えられた場所にて生き続ける。

今、私たちの周囲には多くの「天命」を観ることができる。
難しい修行や思想でもなく、ごく当たり前に存在する「天命」。
学ぶことができる目の前にある「天命」。
その「天命」を知ることが、「天命」と一体化する道。

天命を知るなら自然のなかで過ごすもいいだろう。
でも、都会のなかにも「天命」によって生かされている存在が、
数多く隠れている。

植物の「天命を待つ」

―天地自然の万法に反した行為はしない

種が蒔かれ、芽が出て、茎や幹が伸び、やがて花を咲かす。
そして、実を結び、また地に種を蒔く。
その法則はまさに「天命」に任せた生命活動である。
植物は植物に即した「天命」があり、
天地自然の万法に逆らうことなく、まっとうしている。

人間は手を抜くことをするが、
植物は手を抜くことをしない。
天が判断するのは「為した分」の「天命」である。
十分に為していないのに、「天命」を待っても、
十分な質量は来ない。

「人事を尽くして天命を待つ」の「天命」とは、
人事に合わせて比例するものである。

植物は手を抜くことはないが、生き抜くための進化はある。

収穫

―為すべきことを成す

秋になれば穀物の収穫がはじまる。
この収穫も作り方や地域、気象条件によって大きく異なる。
穀物の種や苗は成長することが「天命」。
それを活かすのは気候、土地、肥料、栽培方法である。
人間もそれぞれに個人の質量は異なる。
その個人の質量を伸ばすのは自己の学問と、

他人からいただく仁徳の力である。

天の力、心の力、双方が整えば自分の人生は大きく成長する。
秋になれば、たわわに実った稲穂が観られる。
しかし、年によっては不作や異常気象によって収穫量が異なる。
でも、それも自然の動きであり、
人災以外は「天地自然の万法」に従っているだけ。
生きていれば、成功や幸福の収穫量も異なる。
ただ、「自分の為すべきことを成す」を思えばいい。

捨てる

―その前に、考えてみる

捨てる前、ほかに役立つ方法を考える。
捨てるのは容易であり、次に新しいものを買えばいい。
質《しっ》素《そ》倹《けん》約《やく》を考えるならば、捨てる前に工夫を考える。
人間の知恵というものは不自由な時ほど、
多くの工夫が生まれる。

順調な時より逆境のほうが、人間の心も強くなると同じ。

知恵の訓練も逆境の時がいい。
となれば、自分自身の逆境を楽しめる人間は、
これまで以上に工夫や知恵を生むことができる。

しかし、そのためにも「捨てないこと」「あきらめないこと」
「やめないこと」「言い訳の癖をつけないこと」が大事。
捨てるべきことは捨ててもいいが、
その前に「考える間《ま》」を置くことである。

この「間」が人生を大きく変える。

今

―未来を悩むことより「今」の自分を観ることが先

未来は「今ある自分」の延長であるから、
今の自分を観れば、未来も観える。
今を抜きにして、新しい自分の未来が創れるだろうか。
過去、現在、未来はすべて一直線上にある。
未来を変えるなら「今の自分」を変えることが先決。
そのためにも「本当の自分」と語り合い、

「何をすべきか」「何を為すべきか」を知ること。

心を抜きにして、絵に描いたような未来はない。
今の自分が嫌で、新しい自分を創りたいと思うならば、
今「自分が願う心」を誓い続ける。

それを「念ずる」という。

念ずるとは宗教的儀式ではなく、
心で願うこと、継続すること、達成することを誓う言動である。

心

―「思う」ということ

時々刻々、心で何かを思っている。
その質量で「心の成長」が異なる。
その質量のなかに、いかほどの栄養素があるのか、
栄養のない思考なのか。
それはやがて育ち、現実にならなければわからない。

人間の知恵は「過去に思ったことの質量」が、

未来の現実になることの教訓を得て、
その教訓を活かすかどうかである。

教訓を活かすことのできる人間は、
次の過ちが少ない。
教訓を蔑ろにする人間は、
また同じ過ちを繰り返す。

自分の過去を観れば、心の質量がわかるはず。
しかし、自分の質量を観ることを嫌う人間ほど、
心の成長が遅く、心の栄養も不足する。

迷い

―それは心の運動

人生、生きている間、迷うのは当然のこと。
迷わない人間などはいない。
ただ、違うのは迷いの継続する時間。
迷ってもすぐに迷いから解放される人間。
迷いから逃れることのできない人間。

これは本人の心次第。
迷いに執着《しゅうちゃく》する人間、迷いから逃れることができない人間。
心で悩み続けることが迷いを深くする。

普段「自分との会話」を観る、書く、言動する人間は、
自分を変えることができる。
心の運動でもあり、「天命」でもある。

柔軟性を持った心でありたい。
迷いも心の訓練、心の修徳なので、ほどほどに楽しもう。

心が観ている

─自分自身の声を聞こう

誰も見ていなくとも、自分の心が観ている。
他人が気づかなくとも、自分の心が気づく。

自分自身を最も知るのが、自分自身であり、
自分自身を最も知らないのが、自分自身である。
自分自身に嘘をついても、自分自身がそれを見抜く。

自分の心が自分自身を創っている。
その継続が自分の人生である。
自分の人生に多くの善悪があったはず。
それらの善悪すべてを創ったのは、自分自身の心。

常に心を観なければ、心が迷い、方向を見失う。
多くの艱難辛苦を乗り越えるのも、自分の心身。

長くて短い人生を心豊かに過ごすのは、自分の心ひとつ。
悩むことも多いだろう、苦しいことも多いだろう。
人生は苦楽半々、自分ばかりが苦しいわけではない。

道

―生きる知恵

動物や人間が歩いて道ができる。
動物や先人たちの「生きる知恵」によって、
自然界に道ができ、そこを歩くようになった。

地上の道と同じように、人生にも道があり、
心にも道がある。

先人たちの知恵を学ぶ、動植物の知恵を学ぶ、
とくに動植物の知恵は人間以上に長い年月を掛けて、
積み上げ進化してきた。

生きるための知恵、生き残るための知恵、子孫を残す知恵、
長い年月を掛け、「生きる」知恵を生み出した。

「天命」という道は奥深く、学ぶべき点が多い。
人工物の道や建物もいいが、自然界と触れ合うことも大事。
それらの尊い知恵の道を破壊する事なく、
共生の社会を守り続けたい。

蔓延る

―刈り取る勇気

蔓《つる》は放置しておくと勢いを増し、より広がる。
「はびこる」を漢字にすると「蔓延る」と書く。
地に蔓延るものは足元にあり、意外と見え難い。
とくに「面倒臭い」ことほど、その繁殖力は強い。

天を見上げることもいい。
しかし、天を見上げた分、地を見る必要がある。

天に希望、地に反省を、自分に人の心を。
人間は天地の間に生きている。
その双方の力があってこそ、豊かに生きられる。

心に蔓延る「悪心」はないのか。
あれば刈り取る勇気を持つこと。
放置するほど、自分の力だけでは刈り取れない。

自分自身を省みる力こそ、強い自分を創る。
あなたの心はまさに、「天地」「天命」そのものである。

相応しい

―自分に相応《ふさわ》しい幸不幸、成功失敗が訪れる

幸不幸や失敗は自分の心から生じるために、心の質量に合った幸不幸や失敗となる。

幸福や成功を目指すならば、自分の心が持つ質量を観ること。伸ばすべきことを伸ばす、減らすべきことを減らす。

目標を達成するには、努力と継続の力が必要で最も肝心。

継続できない人間は常に逃げる言い訳を隠している。
しかもその言い訳は自分を正当化する名目である。
自分ができない質量の幸福や成功は来ない。
できる範囲の幸福や成功のはず。

しかし、自分の質量を知らない人間は途方もない目標を創る。
天地自然の万法「天命」は、
「大樹は大樹」「小花は小花」の役目を与える。

あなたには、あなたに相応しい質量の幸福と成功がある。

加減

―力量に合わせて加減を調整する

心に足りないものがあれば加える。
心に余計なものがあれば減らす。
これを蔑ろにすることを「いい加減」という。

加えなくともよいことを加え、
減らすべきことを減らさない。

普段から自分自身の心が持つ力量や資質を、
観て判断し、調整しなければならない。
だが、このことを考えない人間のほうが多い。

それでも生きてはいけるが、心の加減ができるとすれば、
人生に無駄が少なくなる。

人生における「為すべきこと」ができない理由に、
初めから「これは難しい」と、自分ができない言い訳がある。
できないのは当たり前、難しいのも当たり前、
言い訳にはならない。

一丸

―同じ丸のなかにいる

皆と一丸になって努力をする。
この一丸は、「一つの丸」になることを意味している。
丸の上下はいつも変わり、
天もなければ地もない、常に丸い状態。

いかなる人間もすべて同じ丸のなか。
まさに理想的な人間関係であり、社会や組織でもある。

丸ければいつでも動くことができる。
角が立つこともない。
目立つ人間はなし、落ちこぼれる人間もいない。
すべては同じ線上に存在する。

丸、すなわち円こそ理想の姿。
日々、自分自身の心も丸であり、
円であることが望ましい。

あなたの心は、いかなる形をしていますか。

過去

―過去を観れば未来の自分が観える

過去に思ったことは種となり、花を咲かせ、
実となって現れてきた。
現実の由縁《ゆえん》であり、
人生も天地自然の万法「天命」に従っている。

過去と現在に思ったことが、
否定をして摘み取らない限り、

それは育ち、現実の姿として現れてくる。
急に変えようとしても、育った樹木は変わらない。
「自分の心が自分の人生を創る」という心学の基本は、
心の持ちようは自分の心ひとつということである。
心が心を育て、人生と自分を創っていく。
過去に思ったことが人生や自分を創ってきた。
今思う現在の心は、
明日の人生と自分の「天命」を創る。

山頂

―人生は山に登ると同じ

低い場所では全体を観ることはできない。
登れば登るほど下界が観えてくる。
しかし、山頂に近づくほど風も強くなる。
樹木の数や高さまで変化し、
風雨に耐えられるような生態系の植物が多くなる。

山頂に辿り着けば、下界が四方八方に観える。

下界では観られない景色を観ることはできるが、
そこまでの道程は自分自身との闘いである。

登ることの辛さ、掛かる時間を考えれば、
無理して登る必要はないと自分に言い聞かせあきらめる。

ところが、下界にいる人間と山頂にいる人間では、
観る世界が大きく異なる。
ただし、高い山頂ほど風当たりも強く、心の訓練にもなる。

「かつて無駄と思ったことも、
後に振り返れば有益に思うこともある。
生きることは『易』と『不易』の繰り返し」

第三章

自己

――「あなたらしく」ということ

自分の天命

―どう感じるか？

普段、思ったこともない「自分の天命」。
失敗した時や思わぬ成功した時に感じるかもしれない。
でも、自分の「天命」は偶然ではない。
天地自然の万法に従った法則でもある。
また、将来思うことを決断する時にも「自分の天命」を思う。

今の仕事が合わない時に「自分の天命」を感じる人間、

自分がやりたい仕事が見つかり、
決断する時に「自分の天命」で勇気を得る人間。

老いて人生の先が観えてきた時に、
残された時間を「自分の天命」として意識する人間。
天からの使命に「自分が為すべきこと」を「天命」として、
人生に活力を得られる人間。

失敗ばかりの人生で「これが自分の天命」と言って、
挫折する人間など、それぞれに「天命」が異なる。

天命は人生の希望なのか

―「生かす力」と「活かす力」

人生の希望として「天命」を感じる人間。
人生の挫折として「天命」を感じる人間。

では、「天命」とは希望につながるものなのか、
あきらめにつながるものなのか。

人それぞれ人生が異なるごとく、「天命」も異なるだろう。

希望なのか、あきらめなのか、その双方が「天命」である。
「天命」には善悪もなければ、成功失敗、幸不幸もない。
心で思ったことが、やがて現実となって現れる。

「天命」自体が心で育つ植物のような存在。
ただし、広く大きい「天命」「天の生命」は、
人間の知恵を超えた絶対的存在である。

「天命」は「天の命」と「心の命」があり、
それぞれに人生の役目が異なる。
「天命」には「生かす力」と「活かす力」がある。

心の「天命」を観る

―成す手段は何か

自分が為すべきことを思った時、
その為すべきことを成す手段を次に考える。
この成す手段こそ、為すべきことを実現させる要因。

ところが普通の人間は為すべき自分の「天命」を感じても、
成す手段が継続できない。
継続できないということは「実ることのない種」。

為すべきことを思う、それは心の種。
それを実現化してこそ、成果や結果となる。

成果、結果は果実が成る、結ぶことであり、
天地自然の万法に従った法則。

天に任せた心の命、これが心の「天命」になる。
人間の思うことはすべて作為ではなく、
それすらも天の動き、天地自然の万法である。

人間の言動は、すべて心からはじまっている。

青年の「天命」

―気づけるか否か

ある青年が言う。

「俺に天命などは存在しない、俺は俺の生き方で生きる」

確かに若いうちはそう思うかもしれない。

聖人「孔子」でさえ、「五十になって天命を知る」と、

人生後半になって言っている。

しかし、生まれて死ぬまで「天命」によって生かされて、
自分の人生をまっとうすることができる。

若き頃にも「天命」はある。
しかし、この「天命」に気がつかないだけであろう。
自分が希望した人生の道以外に歩くことも、時にはある。
また、天変地異によって不幸が訪れることもある。

それは偶然に感じるかもしれないが、
生まれた時点から定められた「天命」かもしれない。
「天命」の各自における設計図は、大きく判断できない。

瞬時の「天命」

―一瞬の積み重ねのあとに見えてくる

瞬時に過去となり、自分を振り返ることができる。
人間、瞬時ごと自分を省みるなどは困難である。
でも、着実に「時」は自分の「天命」を形成し、
過去の人生における「為してきたこと」を創り、
自分を未来へと運んでいる。

人生は突然変異することはない。
大概は「今の自分」が持つ「心の質量」によって、
未来の自分を創り、最終的な「天命」へと近づく。

人生の最期に「これが自分の人生であり、天命だった」と、
言葉を残す人も多い。
この最期に使う「天命」は自分の過去、自分の役目、
自分の思い、それぞれだろうが、最期の瞬間に、
人生の道を振り返って言うのだろう。

日々、創っている自分の人生、そして最期の「天命」。

人知れず

──自分に納得しているか

自分の尽くすべきことを尽くし、
為すべきことを成す。
たとえ、そのことが人に知れず、世間も知らぬことといえども、
一切気にすることなく、嘆《なげ》かず、怒らず、憤《いきどお》らずにいれば、
その芽はやがて伸びて、ほかが知るようになる。
知らぬはその段階でまだ「蒔かれたばかりの種」だからである。

ところが、人間悲しいもので、途中で不満を生じ、
あきらめたり、投げ出したりする。

種というものは地中にあって、表には現れない。
心に耐える力のない人間はあきらめの口実がうまい。

まずは何事も「人知れず、己のみが知る」の心を持ち、
自分自身に愚痴を言うようなことはしないこと。
「天命」はいつも自分を慈しみ、育み、見守っている。
人知れずとも、まずは自分自身が知っている強さを修めること。

虚勢

―「弱い」ことを認識する

心弱き人間は虚勢を張り、
少しでも自分を強く見せようとする。
しかし、そのこと自体が他人から観れば茶番である。
人は自分という外見を見ているが、じつは心を観ている。
外見が目立つほど、人は内面を探る。
虚勢を張れば張るほど、内面を観られ、

心の器が小さいことを見破られる。

心が弱いと思えば、「弱い」と認識して、何もしないほうがいい。
それが「謙虚」の「謙」である。
人間、誰しも心弱いところはある。
しかし、弱さを隠し、無理な虚勢はさらに心を弱くする。

心の感情を赴《おもむ》くまま言動に移すのではなく、
常に「間」を置いて、自分の立ち位置を鑑み、
それから言動に移せば、「無理」「無謀」を防げる。

愚痴を言わない

―逃げるは「痴」

愚痴を言う前に、自分が為すべきことを成しているのか、
それを心で観ることが大事。
しかし、愚痴を言う人間ほど、
自分が為すべきことを成していない。
為すべきことを成さないのはまさに愚かなこと。
愚かな痴こそ、自分の「為すべきこと」から逃げ、

郵便はがき

恐れ入ります
切手を
お貼りください

162-0816

東京都新宿区白銀町1番13号

きずな出版 編集部 行

フリガナ

お名前　　　　　男性／女性
　　　　　　　　未婚／既婚

(〒　　　-　　　)
ご住所

ご職業

年齢　10代　20代　30代　40代　50代　60代　70代～

E-mail

※きずな出版からのお知らせをご希望の方は是非ご記入ください。

愛読者カード

ご購読ありがとうございます。今後の出版企画の参考とさせていただきますので、アンケートにご協力をお願いいたします（きずな出版サイトでも受付中です）。

[1] ご購入いただいた本のタイトル

[2] この本をどこでお知りになりましたか？
1. 書店の店頭　2. 紹介記事（媒体名：　　　　　　　　）
3. 広告（新聞／雑誌／インターネット：媒体名　　　　　　　　）
4. 友人・知人からの勧め　5.その他（　　　　　　　　）

[3] どちらの書店でお買い求めいただきましたか？

[4] ご購入いただいた動機をお聞かせください。
1. 著者が好きだから　2. タイトルに惹かれたから
3. 装丁がよかったから　4. 興味のある内容だから
5. 友人・知人に勧められたから
6. 広告を見て気になったから
（新聞／雑誌／インターネット：媒体名　　　　　　　　）

[5] 最近、読んでおもしろかった本をお聞かせください。

[6] 今後、読んでみたい本の著者やテーマがあればお聞かせください。

[7] 本書をお読みになったご意見、ご感想をお聞かせください。
（お寄せいただいたご感想は、新聞広告や紹介記事等で使わせていただく場合がございます）

ご協力ありがとうございました。

他人のせいにしている場合が多い。
他人に求めるよりも、
自分の非を求め、修己の心を持ち、
仁徳の人生を目指すことが大事。

自分が為すべきことは当たり前の言動。
為して当たり前のことを逃げて為さないのは「痴」。
痴とは愚かなこと、思慮分別が足りないことである。

人生の知恵を得るためにも、愚痴は避けたいものである。

間違い

―「間」が大事と心得る

人間、生きていれば間違いは起こす。
他人の間違いを知った場合、
それを世間に吹聴《ふいちょう》するようでは徳に欠ける。
間違いは誰しもあること。
それを庇《かば》い、恥を掻《か》かせないのが徳行。
しかし、徳を意識しない人間の言動は、

まるで「鬼の首を獲った」ように吹聴する。
そのような話を聞いたら要注意。
その人間は他人の善い点より、悪い点を探すことに長けている。
近過ぎると、いつ我が身に降りかかるか危険。

人間関係にも「間」が大事である。
人間関係の間を違えれば「間違い」にもなる。

人間は誰しも善、しかし、その心に善悪を持つ。
人は平等ではあるが、「心」はそれぞれである。

逆境

―「心の管理」を忘れずに

思うようにいかない時、
願いが叶わない時、
期待が外れた時など、気持ちが弱くなる。

その時、自分自身を成長させる時でもあるが、
気が弱くなっているので、成長させる好機を逃す。

順調な時は知恵が働き、安定した時期でもある。
しかし、安定させるにも普段から気を配り、
逆境に対して「心の管理」が必要。

逆境になってから慌てふためくのか、
備えをして対策の準備をするのか。
人生も、経営も、災害も同じことである。

常に「天命」を観て「気配」を心に置く。
周囲や未来に「気を配る」こそが「気配」である。
心は無形であるがゆえに、どこにでも置ける。

忘却

—執着を手放す

人間、生きている間に多くの出来事を乗り越えている。憶《おぼ》えきれない艱難辛苦や喜怒哀楽があったはず。楽しかった事、苦しかった事、腹が立った事など、誰しも多くの思い出を心に秘めている。

しかし、その大半は記憶の奥深いところに沈み、思い出すことすらできない過去もある。

生きている間の喜怒哀楽は忘却の彼方に消え、
今、自分の人生は身体が活かしている。
楽しい事も、悲しい事も、苦しい事も、うれしい事も、
やがては記憶の奥に沈んでいく。

沈むべき多くの喜怒哀楽にしがみつくのが人間。
楽しみに溺れる、苦しさから逃げられない、
妬《ねた》み、恨みなど消えるはずのものにしがみつく。

多くの悩みは自己の「執着」からはじまっている。

ほどほど

―心身を疲れさせない

何事もほどほどにおこなう。
飲食や娯楽はほどほどにしないと、
自分の心身が疲れるだけである。
大きな瓶や壺に水を入れ、それを抱えて歩くようなもの。
重いし、歩く度に水はこぼれ、自分の衣が濡れ、周囲も汚れる。

満つれば欠ける。
天地自然の万法「天命」はそれを教える。
満つる前に止める。
その手前で止める勇気は、自分自身の先を読む力が必要。
自分の悪習慣は自分が創り出したもの。
その増減も自分の心が管理する。

何事もほどほどの心があれば、
心身に余計な疲労をさせることはない。
自分自身の「ほどほど」を心得ていますか。

自分らしく

―分析する力が、悩みや不安を消してくれる

自分らしく生きる。
さて、自分らしい自分とは。

自分の事を自分自身が観える、語れる人は少ない。
いつも安定しない心が、自分を形成している。
何が自分なのか、正確に答えられる人は少ないだろう。

自分らしく生きる。考えれば「いい加減な自分」かもしれない。
また、「真面目、几帳面な自分」かもしれない。
自分を観る角度も四方八方からある。

今、為すべき時にどの自分がいいのか、
相応しいのかを観る力は大事である。
普段から自分自身を分析する力は、
迷う自分や不安になる自分を消してくれる。

自分らしく生きるとは容易いようで難しい分析。
今ある「為すべきことを成せる」自分自身を探そう。

心の力

―自分の心が与える影響

人生の過去、数え切れない記憶。
その過去が今の自分を創ってきた。
記憶にも残らない出来事の積み重ねが自分の心を創り、
現在の幸不幸、成功失敗を創った。

外的要因もあるだろうが、大半は自分の心に原因がある。
覚えていない言動の数々が、他人に影響を与え、互いの人間関係をも創ってきた。

そのなかに善悪もあったろう、損得もあったはず。
時間があれば、遠い過去、近い過去を思い出し、
自分を省みることも大事。
それはこれからの未来を創っているからである。

未来は突然に来ない。
過去、現在の延長線上に未来があり、
それらはすべて「天命」の心で創られている。

普段

―磨き続けよ

普段の自分、自分自身の言動が「自分そのもの」。
普段、自分が心で思う、考えることが現実化する。
自分は急に変わることはない。
たとえ変わったとしても、それは一過性が多く、
また以前の自分に戻ることが多い。

何気ない普段の自分。
自分を磨く自分自身、磨くこともない自分自身。

修徳を心掛けることは、人生を豊かにする。
この豊かさで、不安は少なくなり、
他人の自分に対する言動が気にならず、
他人の悪口、誹謗中傷など口にしなくなり、
他人からの信頼も厚くなる。

もし、磨くことなく修徳も心掛けない場合は、
人生は豊かにならず、いつも疲れる道を歩く。

善悪

―どちらも、あなたにとって必要な存在

自分自身が成長するために人生で出会う多くの人が、
人間として善悪を教えてくれる。
人間関係は自分の好き嫌い、損得、都合で大きく変わる。
しかし、いずれの人間も自分自身にとって必要な存在。

天地自然の万法「天命」は自分が成長するために、
多くの教材、試練、人間を与え続ける。

その時々に喜怒哀楽の感情も働くであろう。
辛い事、悲しい事、楽しい事、うれしい事、
多くの感情が生まれ、多くの思い出ができる。

しかし、いつの間にかそれらの感情を乗り越え、
今こうして活かされ、生きている。

人間はじつに強い存在。
あなた自身も強い存在。
時に心が弱くなるだけ、元々は強い存在である。

人

―人のせいにしない

自分が思ったほど人は動かない。
自分では言ったつもりでも、
相手が動くまでにはいかない。
たとえば、会社や組織でも思うように人は動かない。
この時に人のせいにするのか、
自分を省みるのかで大きな違いを生じる。

人のせいにする人間はいつまで経っても、
思うほど人は動かない。

しかし、自分を省みて、何が足りないのか、
何を工夫すればいいのかを常に考え、
他人のせいにしない人間は伸びる。

動かないのは、自分を鍛え向上心を与えるため。
「天命」は常に自分に試練という恵みを与える。
動かないのは、自分への気づきと自己修徳のため。

辛苦

―すべてはあなたの栄養になる

苦い、辛《から》いのが人生の味。
甘い、塩辛いも人生の味。
酸っぱい、渋いも人生の味。

人生には多々の味があり、
それらを味わいながら人生を過ごしている。
すべては心の栄養素。

必要な時に必要な味が来る。
「天命」が準備する心の栄養素。

人生の味は自分のため。
自分に必要であるがゆえに来る。
嫌がっても逃げることのできない味。

ならば、それらの味を楽しむ心の力を持とう。
すべての味はやがて過ぎ去り、またほかの味が来る。
それが人生の食卓、心の食卓である。

過ぎたること

―「過ぎる」は「こぼれる」

何事も過ぎたることは自分を含め、
他人に迷惑を掛けることになる。
欲張り過ぎ、しゃべり過ぎ、食べ過ぎ、飲み過ぎ、
怠け過ぎ、働き過ぎ、使い過ぎ、貯め過ぎ。
多くの言動に「過ぎる」がある。

この調整は自分自身の心でおこなう。

しかし、自分が自分自身の心を調整できなければ、
いつも「過ぎたること」に翻弄され、
疲れ果てる人生を歩むことになる。

普段から「自分の心を観る」ことができない人は、
この「過ぎたる」という病にかかりやすい。

心という器に入る量は決まっている。
過ぎたる量はただ器からこぼれるだけである。
過ぎたることのないように、心の質量を管理しよう。

仁

―慈しみ、認め、励まし、共に生きる

人の喜びを否定や批判する人間は、仁の心に欠ける。
人はそれぞれに生き方、楽しみ方、悲しみ方があり、
一定ではなく、各自、心の置き方にある。

仁の心は、それぞれに人が持つ喜怒哀楽を否定することなく、
人を慈しみ、人を認め、人を励まし、共に生きることである。
貶《けな》すことなく、僻《ひが》むことなく、妬むことなく、恨むことなく、

人の心を大事にする仁徳は、
生きる道を豊かにしてくれる。

できない、志さない人ほど「難しい」と判断や批判をして、
できない言い訳を創る。

初めから容易にできるわけではない。
蒔いた種からすぐに花は咲かない、実を結ぶこともない。
仁徳への道は時間と心力を要する。

まあ、気張らず素直に「天命」を生き続けよう。

「自分が他人に迷惑を掛け悪いことをしたとしても、
相手がそれを人生の栄養してくれていれば幸い。
それを思い学びにすれば、自分にとって
不利益や都合が悪いことも、
感謝をする心を持つことで、心の器が大きくなる」

第四章

修める

——学び、そして自分のものにする

不幸

―誰にでも訪れるもの

人の不幸を聴いて喜ぶ人間は仁徳に欠ける。
人の身は自分自身の身である。
喜ぶよりも、そこから大いに学ぶことがあるだろう。

他人の不幸を喜び、それを吹聴する人間は、
周囲に心親しい人が少なく、
自分に注目して欲しいために、より広範囲に吹聴する。

人間、「天命」と天地自然の万法「陰陽《いんよう》」のなかで生かされている。
成功、失敗、幸福、不幸、人生半々に訪れる。
成功や幸福で喜び、失敗や不幸で落胆する。
その「陰陽」によって活かされ、成長している。

人生の失敗や不幸は誰でも経験すること、
他人が経験した不幸や失敗を、
自慢気に話すのは自分の徳を下げるだけで、
何の利益もないばかりか、自分も他人から批判されている。

問題

―どの時点で気づくのか

人生には、多くの「天命」が与えた問題が起きる。
しかし、この問題は自分自身の心に合わせた質量であり、
自分の人生や環境に合わせた問題である。

突発的な天変地異などの問題ではなく、
人生に起きる問題は、過去に問題の種が蒔かれている。
その種が知らずに成長し、芽を出しはじめる。

どの時点でその問題に気がつくのか。
芽、花、果実、どの時点かで問題の質量が異なる。

普段から自分自身を観る力に欠けると、
問題は大きくなって現れてくる。

世間を通した自分、自分を通した世間。
あらゆる角度から常に自分自身を観る習性は、
多々の問題を解決しやすくする善癖。
自分自身の心を観ることは、自分を学ぶことである。

勇気

―自分を変える

一番必要な勇気は、「怖いもの知らず」や「危険なこと」、「無謀な冒険」をすることではない。
自分自身の過ちを直すことができる力を持つこと。

自分自身を変えられない、自分を正すことができない、
自分の間違いを認めない人間は、
心の勇気がなく、いつもできない言い訳を創っている。

この勇気は対外的なものではなく、
他人から観えない勇気である。
観えないから他人の目はごまかしやすい。
しかし、それを一番観ているのは「自分の心」である。

「心の眼」は常に正直で、自分自身をすべて知っている。
すべては知らないと言う人間もいるが、
真の自分自身は「天命」の一部「心の眼」で自分を観ている。
自分とは「真の自分」と「もう一人の自分」に分かれている。

欠点

―ごまかすか、直すか

他人の欠点を探す人間は多く、
欠点を探しては自慢気に吹聴する。
他人の欠点を探し吹聴しても、仁徳を積めるわけではない。

ところが自分の欠点を探す人間は、
自分が直し修めるべきことに気づくので、
「天命」の心である仁徳を積めることはできる。

人間、誰しも欠点はある。
普段の生活では自分自身の欠点は気づき難い。
人生のなかでの失敗や不幸になった時、
自分自身の欠点に気づく。
気づいても自分をごまかす人間、
欠点を直す人間と分かれる。

他人の欠点を探すより、まずは自分の欠点を探し、
失敗や不幸にならないよう、心を観ることが肝要。

言葉

─ゆっくりと話そう

言葉はそれぞれ人によって異なる。
とくに言葉の速度はその人の心を表す。

言葉数が多く早口の人間は、
内容がよくとも、聞いている人間にとっては、
聞き取り難く内容も掴み難い。
伝えたい気持ちはわかるが、心に「仁」が欠け、

相手が理解できるのかを考えず、
自分の伝えたいことに専念してしまう。

仁の会話は、相手が聴きやすく理解しやすい内容、
相手の年齢や知識に合わせた内容を、
間を置きながら、ゆっくりと話すことである。

「天命」が与えた自分の言葉は、
相手が理解してこそ、自分の心や思いが伝わる。
言葉数を少なくしても内容が伝わる「仁の会話」を心得よう。

約束

—できなければ、謝ればいい

一旦、口にした言葉は実行しなければならない。
しかし、過ぎた言葉は実行できないこともある。
その時は「できない」ことを謝罪すればいい。

人間、生きていれば「その時思うこと」がよくある。
その時にできると思っても、
途中からできないことがわかる。

その時には無理せず、できないことを謝ればいい。
「できる」までおこなう人間、無理する人間、
何度も挑戦する人間と、それぞれに思いはある。
それは各自の心で判断すること。

まずは約束を守ることに心を置き、
できない時は、恥を忍《しの》んで謝罪することが大事。
何も連絡のないことが仁徳の心に欠けている。
約束ひとつで人格人徳が観える。

辛抱

―辛抱とは、心に辛苦を抱くこと

抱いた辛苦を放すも否も、自分の心次第。
抱く力の弱い人間は耐えきれずに放す。
抱く力の強い人間は耐えて放すことはない。

耐えた人間はより心に力がついて、
次の辛苦にも耐えられる。

ただ、一度抱く人間ならいいが、
初めから抱くこともしない人間も多い。
抱く力の強弱を知っているのか、知るのが怖いのか。
いつまで経っても心の力を知ろうとしない。

成長の少ない人間でもあるが、それも人間の内。
幼き頃よりの教育が徹底していれば、
辛抱の必要性を理解できたのかもしれない。

人間として修養の教育は、じつに必要不可欠ではないだろうか。

自慢

―囚《とら》われない、こだわらない

裕福なる人間はその裕福を自慢せず、
貧窮《ひんきゅう》なる人間はその貧窮を恨まず、
それぞれに与えられた環境を生きる。

とは言っても、できれば裕福に暮らしたい。
しかし、裕福に限度はなく、
より裕福に成りたい欲望に囚われる。

貧窮であっても愚痴を言わず、
他人を妬む、僻む、拗《す》ねることもなく、
明るく生きている人間もいる。

裕福、貧窮の価値観は心ひとつ。

今、自分が与えられた環境に満足するか否か、
それは自分の心と対話をしなければならない。
与えられた環境「天命」は、自分に合った環境かもしれない。
過去の自分を振り返り、自分の力を観ることは大事。

水のように

―やわらかく、受け入れる

水瓶に入れた水はそのまま放置していれば、
やがて腐ってくる。
常に新鮮な水を入れ替えないと、
新鮮さを保つことはできない。

心の新鮮さも同じ。
常に入れ替えて新鮮さを保つ必要がある。

その新鮮さとは「人の意見」を聴き入れること。
人の意見を聴いて、自分自身を省みて、心の修徳を目指す。
自分の意見だけでは新鮮さを保つことはできない。
自分の意見も大事、人の意見も大事、
自分の善い点、他人の善い点を学び、心の栄養とする。

決して頑固にこだわることなく、
やわらかい心を以って、自分の意見と他人の意見を尊重する。
耳で聞くから心で聴く、まさに水のごとくに心を創る。

山は山

―「好き・嫌い」と、どうつき合うか

山は山、海は海、川は川。
人は人、自分は自分。
人によって山が好き、海が好き、川が好きと異なる。
山が嫌い、海が嫌い、川が嫌いという人間もいる。
人は人だが、あの人は好き、でもあの人は嫌い。

自分も他人から観れば好き嫌いの対象になっている。

それが当然なので、他言に惑わされることはない。
自分だって人の好き嫌いはある。
同じように他人から観た自分だって、
自分と考え方が一緒。

その好き嫌いに惑わされない心を創ることこそ、
人生修徳の道である。

誰にだってある「好き嫌い」。気にしない仁徳の心を持とう。
歴史の聖人賢人でも、好き嫌いの心を持っている。

心の栄養

──まずは食べてみる

食物の栄養には甘い、苦い、渋い、辛いなど、
多くの味があり、それぞれに栄養を持つ。
多くの栄養はあるが、それぞれに偏ってはいけない。
ほどよく均等に摂る必要がある。

心の栄養も同じ事。
自分にとって好きな言葉や褒められる言葉は聞き入れやすく、

自分にとって苦手な言葉や忠告、叱られる言葉は聞き入れ難い。

食物も言葉も同じ。
まずは食べてみる、聞いてみる。
そのなかに必要な心身の栄養素はあるはず。

食べる前に、聞く前に、否定や批判をしてはいけない。
心身の成長から逃げる人間ほど、食べない、聞かない。
いつまでも心身が成長しない。
それどころか心身の病気に罹《かか》りやすい。

贅沢

―豊かな生活と贅沢は異なる

贅沢な生活は池に浮かぶ紙舟のようなもの。
いつ沈むかどこに流されるかはわからない。

流れるものや沈むものにしがみついて生きるほど、
心落ち着かず、常に不安は消えない。
どんなに紙舟が大きくとも不安は同じ。
大きさではなく、不安そのものに問題がある。

今あるもので十分と思えば、不安は消え、心が落ち着く。
贅沢は贅沢を生み、不安は不安を生む。
自分の丈を超えた生活ほど、心疲れることはない。
心豊かな生活とは、自分の矩《のり》を超えず、
知足の生活を目指すことである。

たとえ、金銭的に裕福となっても、
無駄な支出を避け、質素倹約の徳を積むこと。

学ぶ

―常に学ぶ姿勢が、自身を成長させる

善があるから悪を憎む。
悪があるから善を学ぶ。

人生で学ぶことは常に善悪半々。
善い人間もいれば、悪い人間もいる。
徳を積む善人もいれば、不徳で迷惑を掛ける悪人もいる。
心は善悪を判断し、できる限り善の心になることを目指す。

しかし、人間の欲望は理性を失い、不徳の道を歩く。
欲は生きるために必要な本能ではあるが、
善欲、悪欲を分けるのは自分自身の心。
他人の善悪を観て、自分の心を省みる。
心の壁一枚で人生が大きく異なる。

常に学ぶ心は自分自身を大きく成長させる。
他人は多くのことを教えてくれる。
善悪、それぞれに感謝の心を忘れないように。

生死

―人は必ず死ぬ。ではどうする？

気がつけば産まれ生きていた。
気がつけば歳をとり老いていく。
気がつけば死の入口にいる。
気がつけば死んでいる。

生まれし者は必ず死ぬ。
人間、事故や病気、天災や人災では死にたくはない。

危険なことはしない、心身の無理はしない。
質素、粗食、健康、心の安泰。
人を憎まず、僻まず、妬まず、仁徳を修め、
礼を忘れず、義を重んじ、知恵をつけ、
多くの人々から信用される人間を目指す。
そのようになるのは難しいと思う人間は
その時点で自己修徳をあきらめている。
自分自身に合った人生の速度で、仁徳の道を歩もう。

自制心

―心を抑える力

人間ならば多くの事を欲しがる。
当然の行為であり、生きていれば仕方のないこと。
ただし、過ぎたる欲は心身を蝕《むしば》む。
その過度な欲を抑えるのは「自制心」。
自分の心を制御する。
心身に悪影響を及ぼす過度な欲を抑え、

常に心身を健康状態にさせる。

この自制心も訓練で、未来を観る力をつけさせる。
今は心地いいかもしれない、美味しいかもしれない、
楽しいかもしれない、でもこれが続けば心身はどうなるか。

今の快感や快楽、快食、散財が果たして、
自分の心身にどのような影響をするのかを観る。

今も大事、でも未来はさらに大事。

試練

―いつでも人間は成長するために試されている

厳しい試練は自分自身のためにある。
甘い試練などはない。
常に厳しく辛いものである。

人間は逃げることはできるが、
植物は逃げることもできず、
与えられた地で耐えるしかない。

しかし、そこに生き抜く力や知恵が生まれる。
この試練こそ「天命」が与えた仁徳の原点であり、
「徳・仁・義・礼・智・信」の基本でもある。

心を磨いてくれる試練は確かに辛い。
でも、辛いのは自分自身だけではない。
すべての人々に同じように与えられている。

「いつも自分自身が試されている」と思う心が肝要。

失敗

―挑戦する者に失敗はつきもの

何もせず挑戦しない者は失敗しない。
失敗は成功までの過程であり、結論ではない。
失敗を怖がり、何もしない人間は「失意」「失力」である。

何もしなければしないでいい。
でも、何かを成したいと思えば、失敗は当然来るもの。
できる、できないかは「心の力が出て来る」、

「心の力が出て来ない」の違いだけである。

ただ、極力失敗しないためにも、
計画や準備、確認、訂正などを怠《おこた》ることなく、
周到にやらなければならない。

それでも気がつかない箇所が現れ、失敗することもある。
自分を鍛えるために「天命」は多くの試練を与える。
それが当然と思うくらいの「心の器」を持つことである。

仁の心

―人を憐《あわ》れみ慈しむ心が、自分の心を豊かにする

人の言動が気になるのは、
心の器が小さく、自分自身のことばかり考えるからである。
人間、どうしても自分のことは気になる。
気になっていたのでは、いつも心が疲れる。
そのために「仁の修徳」が必要である。

相手の言動に至るまでの深層心理を考え、
なぜそのような経緯に至ったのかを思い、
腹を立てることなく、仁の心で対処する。

心には修養が必要。
心身は常に柔軟でありたい。

心の柔軟さは普段の修養で得られる。
理屈を言わずに、素直な心を以って「仁」の修徳に励もう。

人の意見

―批判しない

人の意見から学ぶ人間と、
そのなかに欠点を探し、反論する人間がいる。
それぞれの人間性の問題なので、
善い悪いは言えないが、
学ぶ人間は心の栄養が増え、心豊かに成りやすい。
欠点を探す心に栄養は補えない。

学ぶことは学び、自分に合わないことは避けてもいい。
しかし、それは学んでから考えればいいこと。

学ぶ前に反発や批判をしてしまえば、
栄養を補う好機をなくしてしまう。

自然界の樹木は素直に辛苦の環境を受け取り、
逃げることなく、環境に耐えて生きている。
人間だけが逃げて自分を正当化して、
自分の心を豊かにせず、人を批判して自己満足する。

汚れる

―汚れは汚れを呼ぶ

何事も時が経てば汚れる。
汚れは自然現象なので、汚れに善悪はない。
しかし、汚れは汚れを呼ぶので、
早めに洗って綺麗にしなければならない。
綺麗にするかしないかは自分自身の心ひとつ。
汚れが溜まれば臭いも広がる。

心も同じこと。
心の汚れも自分自身で綺麗にしなければならない。
人間、生きていれば汚れることもある。
また、気がつかないうちに汚れている。
この汚れを取り綺麗にする人間は、
いつも心が綺麗で素直である。

汚れがひどい人間ほど、汚れや悪臭を気にせず、
綺麗にしない言い訳も数多く用意している。

人を思う

―誰しも必死に生きている

それぞれに喜怒哀楽を持ち、
人生の艱難辛苦を生きている。

しかし、自己中心が強い人間ほど、
他人と自分を比較し、
自分が優れていると過信し、
他人を見下し批判することが多い。

他人に迷惑を掛けなければ、何を思おうが自由。
だが、いつもそのように人を見下す思いは、
自分自身の徳を下げ、他人から嫌われ、
人生において損することが多い。

できるだけ自分を優位にするような邪心や、
人を見下し、馬鹿にしたような言動を慎《つつし》むことである。

人はいつもあなたの心を観ている。

自分の声

―本当の自分と、もう一人の自分の間

休むことなく心の二人が語り合っている。
どちらが強いのかは、その時に起きる善欲と悪欲の質量、
これまでの心の質量で決まる。

その時々に語る「自分の声」。
この声が自分の人生を決めている。
善いと思ったことが悪になることも、またその反対もある。

しかし、どちらにしても「心の声」が勝敗を決める。
苦労を選ぶ「悪」、喜楽を選ぶ「善」。
それぞれが陰陽の如くに現れて、
人生の喜怒哀楽を創る。

この「心の声」は一生ついて回るので、
その間に入って、迷いや悩みの少ない人生を創る。

「自」ら「己」が「分」かるのが「自分」。

「年齢を超えた学問の取り組み、
知識見聞を広め、仁徳を積み、人格を磨く。
愚痴も言わず、与えられた環境から逃げず、
妬まず、僻まず、恨まず、人を誹謗せず、
自分が為すべきことを成し、責任を果たす。
これを理想と思わず、
ひたすら『天命』と思う人間が賢人である」

第五章

実現する

―天が味方になる人生を創る

着実

―「心で思うこと」が実になる

自分の言動が実ったこと。
また、自分の心で思うこと、願うことを、
実現することが「着実」の言動となる。
漢字哲学では「心で思うこと」が実になる現象をいう。

それを表現するのが「果」と「実」のついた漢字である。
「現実・実現・結果・成果・実際・着実・実行・忠実・実学」など、

数多くの漢字がある。

人間の心は植物と同じ機能を持つ。
心は大地であり、思いや考えが心の種である。
日々、心で思うことが自分自身の人生と人格を創っている。
その種の善し悪しは、成長しなければわからないかもしれない。
しかし、思い続けることが成長して「果実」と成り、
自分の過去、現在、未来の人生になる。

今、心で思っていることが、すでにあなたの人生です。

難しい

―試練から逃げない

何事も難しい。
安易より難しいことが多い。
植物の種は決して綺麗ではない。
色も地味、形もいいわけではない。
しかし、あの種に将来の美が隠れている。
植物の変化は自ら意識しているわけではない。

種は花を咲かせ、次の子孫を残すために生きる。
そこに難しい、安易ということはなく、
与えられた環境をひたすら生きている。

難しいからと成長を止めることもなく、
愚痴を言うこともなく、
多くの試練を逃げることなく、生き続ける。

「難しい」とあきらめる言葉は自分の成長を止め、
それを乗り越える知恵も出さないので要注意。

欲する

―心の欲するままに生きてもいい

思うように生きることは大事である。
しかし、その「心が欲する」内容が善悪によって異なる。
善は善を実現化し、悪は悪を実現化する。
世に善悪なし、人の心に善悪が生じる。
欲しいということは「心に種を蒔く」と同じ。

その種は心が思うままに育ち、
やがて花を咲かせ、実を結ばせる。
人間の心は大地と同じで、思う種を現実化する。

漢字に「果」「実」がつくものは多い。
これこそが漢字の人生哲学であり、「天命」でもある。

普段、心で思う「欲する」ことがいかに大事なのか、
よくよく心することである。

多少

―どんな心の種を蒔いたかが重要

多い少ないはよくあること。
善い事が多い少ないは、自分が蒔いた心の種による。

菜園で蒔く種と栽培する努力で収穫は異なる。
種が少なければ収穫も少ない。
種が多ければ収穫も多い。
しかし、多くの種を蒔いても、

育てる努力をしなければ、途中で枯《か》れる。
素直におこなえば、その成果は比例する。
でも、世間は必ず比例するとは限らない。

自分が望むこと、為すべきことは、
心に蒔いた種と努力の継続によって、
結果や成果が異なる。

人は人生の種、仕事の種と、多くの種を蒔きながら生きている。
これからも、蒔く心の種を考えよう。

満開

――散ったあとを見てあげよう

満開の花々はじつに美しい。
しかし、満開後の姿は「散る」である。
散るも美しいが、満開時に比べれば劣る。
樹木そのものに変わりはないが、
表面の姿で人は判断してしまう。

人間は表面を見やすく、その内面を見ることは少ない。

樹木も人間も同じように陰陽の姿を持つ。
陰陽それぞれが本体であり、別のものではない。

成功している時、幸福な時、失敗した時、不幸な時、
人生の陰陽は同じ人間の相である。
人を観る時は陰陽の双方を観て、
偏った考えや印象を持たないこと。

もし自分が観られる立場なら、気分を害するだろう。
恕《じょ》(己が欲せざるところ人に施すなかれ)である。

根性

―植物の根は深いほど大樹になる

根が浅く細ければ倒れやすい。
根は地中にあり、陽が当たることはない。
幹や枝、葉や花を咲かせるためにも、
根は陽が当たることがなくとも、
ひたすら地中の栄養や水を地上に送り、
風雨に負けないように生きている。

自分の心にも根性がある。
植物と同じ根性をすべての人間が持つ。
風雨という辛苦を受け、陽の光に感謝し、
花を咲かせ、実を結ばせる根性。

その根性を「根こそぎ」奪っているのは、
自分自身の邪心です。

天地自然の万法「天命」は、
すべての人間に根性を与えている。

大きな事

―積み重ねる

大きな事はすぐにできるわけではない。
小さき事を成し、それが積み重なって大きな事になる。

当然、それまで時間を要する。
物事が成功するまでは時間と継続する力が必要。
あきらめは継続する力を断ち切ること。
それは天地自然の万法「天命」を知らないことである。

実行し実現するまでは「天命」に従う。

おこない続ければ、実に成って現れ、現実となる。
心に実った誠が「誠実」である。
植物の実は熟するまで時間を要する。
すぐに実を結ぶわけではない。

成功しないからとあきらめてはいけない。
成功するまで時間を要し、多くの艱難辛苦を乗り越える力を、
まずは自分自身が知り、心につけることである。

円

―自分に返ってくると心得る

「円の法則」

天体の形も動きも球体や円形が多い。

人間の身体を創る細胞や原子も球体や円形である。


そして、心の法則も「円」。

自分から発した言動は、廻り回って自分に返ってくる。

善をおこなえば善が戻り、悪をおこなえば悪が戻る。

善口を言えば、自分に善の言葉が返ってくる。
悪口を言えば、自分に悪の言葉が返ってくる。
人を妬めば、人から自分も妬まれる。
人を恨めば、人から自分も恨まれる。

感情は心の法則であるのに、気がつかない人は、
いつも自分の事しか考えていない。

自然の法則は自分の小さい力では変えられない。
天地自然の万法「天命」に従い、素直に生きるのがいい。

変化

―成長するということ

天地自然の万法「天命」に「変化」という現象がある。
何事も変化をしつつ存在する。
一見、変化していないように観えても、
緩やかに変化している。
自然界は変化し続けている。
人間界もそれ以上に変化をする。

日々、平凡で何も変わっていないように思えても、
自分自身も緩やかに変化をしている。

緩やかならいいが、急に変化する場合もある。
すべての存在は変化によって成長する。
自分が日々どのように変化をしているのかを、
心のなかで観る必要がある。

まず、過去の自分を省みて、
現在の自分を確かめ、未来の自分を描くことである。

生きる

―すべては同じ

生き方は人それぞれに異なる。
各自に合った苦楽を越え、今も生きている。
誰にでもある不安や悩み、楽しみや喜びがある。
大きい幸せ、小さい幸せ、それぞれに願っている。

人間に差別などはなく、すべての人間は平等である。
しかし、人種差別や戦争は悪意を持った人間の心からはじまり、世界平和を乱す。
過去を生き、現実に耐え、未来に希望を。
誰でも平安に暮らしたい心を持つ。

人の小さな幸せや希望を壊さず、批判せず、
互いの人格を認め、自分自身の仁徳を高める。
自分の理想の人格形成こそ、心が豊かになり、
いつも安定した人生を歩める。

「難しい」「理想」などと心のなかで否定した時点で、
心の力は消える。

出来事

―過程か結果である

自分に起きた「自分の出来事」は、
過去に蒔いた種が芽を出したのか、
実を結んでしまったかである。
心にあった「自分の花」が表に「出て来た」事。
天から降って来たわけではない。

心の大地に蒔いた、植えた種が、

途中経過の状態か、結果の状態であるということ。

社会環境や自然現象ではなく、
自分自身の出来事はすべて自分の心から発したこと。
それに気づかず、他人のせいや社会のせいにしては、
いつまで経っても心は成長しない。

これから出て来る「自分の出来事」は、
もう心のなかで育っている。
だから、いつも自分の心を観なければならない。

心の樹

―心には根性という資質がある

この根が深く太ければ倒れることはない。
根が太く深く成るためには、
普段の風雪雷雨に耐える力がなければならない。
しかし人間、心は弱い。
耐え切れずに自己逃避する人間も少なくはない。

心の性、これが根性。
この根性によって人生の後悔する回数が異なる。

根性が弱い人間はいつも中途半端。
振り返れば後悔することが多い。
ならば、できないことはしない心の勇気を持つこと。
できないことをできないと認知することも大事。
自分自身を観る力があれば、無理はしない。

根性とは自分の強弱を知る力でもある。

淡泊

―自分を鍛えよ

人生、淡泊なほど心身にいいが、
淡泊を目指すほど人間の我欲が邪魔をする。
一度濃厚な味を占めると、淡泊に戻すのは大変。
しかし、いつまでも濃厚な人生を続けると、
心身に支障を来す。

そのことを知っていながら、できないのが人間である。

できるだけ淡泊に慣れるために、
心の強さが必要である。

普段から自分自身に言い続け、自分を鍛える。
初めはなかなかできないが、
継続することによって力がつく。

植物の種が蒔かれ、成長すると同じで、
育つまで時間と手入れを要する。
この「天命」も、すぐには到達しない心の修養である。

誠実

―言動が実に成ること

言動に誠実さがない人間は、心の力が弱い。
心のなかで思うことが実るか否か。
心で思ったことが言動となり、まずは心の種になる。
その種が成長して実ることが誠実。

誠実でない人間は心の種を蒔く意志もなく、
それを育てることもない。

ただ口で言うだけか、行動も中途半端である。

人生、仕事、人間性も誠実さを必要とする。
自分自身の誠実さを計るには、
過去の自分が成してきた項目を確かめればいい。

自分自身に誠実か、他人に対して誠実なのか、
過去の自分は未来の自分でもある。

誠実さは、人間の徳性を観られるので要注意。

報われない

―因《いん》果《が》の関係

努力しても報われない時がある。
それは因果の関係でもある。

蒔いた種、それ自体は自分が望んでいることなのか。
蒔いた場所が育てるのに適しているのか。
蒔いたあと、手入れを怠っていないか。
周囲にはえてくる雑草を抜いているか。

それらの作業が最終的な成果を決める。
努力の仕方にも多々あるが、
これらの作業を観ることも大事。

報われない原因があり、結ばない因果もある。
自分の行動を植物の育て方と比べてみよう。
それ以外にも周囲の環境や人間関係もある。
常に「観る」「直す」「修める」ことが大事。

日々の自分自身が、明日の因果を創る。

成功

―大志を持つなら時間を掛けよう

成功はやがて散る。
咲き続ける花はない。
いつか花は散る。
しかし、散るのは花びらであって、花という植物は散らない。
成功も花びらと同じで、栄華はいつまでも続かない。
しかし、ものの移り変わりを知れば、

散ったあとの始末が読める。

咲かないのは失敗ではなく、まだ過程の段階である。
咲かない花を観て、この花は失敗したと思う人間はいない。

自分自身の心も同じ。

願うこと、祈ることはすぐに成就はしない。
その質量によって要する時間が異なる。

大志を持てば持つほど、それに見合った時間を掛けること。
失意による断念が失敗である。

種と大地

—どの地に蒔くか

肥沃《ひよく》な土地は育ちやすい。
どの地に蒔くかは心次第。
または肥沃な地に改良するかである。

すべてが肥沃と限らない。
その地に肥料を与え水の管理を整えれば、
土壌も改善されてくる。

人間も天地自然の万法「天命」に則して、
自然界の一部である。
心豊かでなくとも努力という改善があれば、
自ずと心が豊かになる。

ただし、改良するまでの根気と対応する知恵が必要。
これが学びである。
経験からの知恵は大事。
そして学びからの知恵も大事。

人生の花

―花は散っても、その草樹が消滅するわけではない

植物の花が一年中咲いていることは少ない。
ほとんどの草樹は限られた季節の時期にしか咲かない。
しかし、花は散ったとしても、その草樹が消滅するわけではない。

人間も人生も同じ事。
成功という花が咲くのは短期間のみ。
それ以外は花を咲かせるために、

多くの試練を乗り越える期間である。

もし、成功という花が散っても落ち込むことはない。
次に成功するまでの過程に入ったのである。

ただ、その過程において「あきらめる人間」、
「放置する人間」、「面倒臭がる人間」がいる。
それでは次の「成功の花」は咲くことがない。

気張る必要はなく、素直に取り込めば、自ずと花は咲く。
天地自然の万法「天命」は気張ることではなく、素直になる法である。

おわりに——

「天命」はすべての人に与えられている

人生において「為すべきことを成す」に気づいた人は幸いである。
多くの人は一生気づかずに生きているだろう。
生まれ育ち、学び、勤め、艱難辛苦を味わいながら老いていく。
そのなかでも自分の「為すべきことを成す」があったはず。
無意識に為すべきことを成してきた人。
意識しても成すことができなかった人。
人それぞれに人生があり、それぞれの生き方がある。

もし、自分自身が探しても「為すべきことを成す」が見つからない人は、無理して探す必要はない。

ただ、この書を通して、「生きる」という現実のなかに多くの学びがあり、多くの苦楽もあり、それらが自分自身を育てていることに気がつけばよい。


大きな事をせずともよい、平凡な人生でもよい。

天命だからといって、生涯心の負担になることもない。

人間として「心の仁徳」を高め、心疲れない人生を過ごす。

そのためにも「心の学問」を修めるべきであろう。

人生のなかで起きる多くの感情、その感情によって喜怒哀楽が生じる。

心を観ることは、自分自身を観ること、自分の人生を創ること。

少しでも人生を楽しく豊かに生きるには自分の「心を学ぶ」ことが必要。

大きく無形である「天命」は今でも自分を動かしている。

気づかない「天命」、普段意識しない「天命」、当たり前にある「天命」、その「天命」

が自分自身を創っている。

最期、眼を閉じ、死を迎える瞬間にせめて自分の「天命」を感じたい。

その時こそが真の「天命」を感じる時かもしれない。

疲れ切った人生だったのか、心豊かな人生だったのか、悔いのない人生だったのか、多くの思いが瞬時に来る。

この思いを創るのが「過去、現在、未来」の心。

とくにこれからの「心」が次の自分と人生を創る。

最期である「死の瞬間」から次の人生はない。

そして、最後の一言は自分からの声である。

ほめてあげたい、自分の人生を、自分の心を。

この『天命』の書を通して、自分の心に足りないものを見出し、それを修め、少しでも自分の人生を豊かにしてほしい。

身内でも、知人友人でもない。自分の人生を創るのは、自分の心。

一生、つき合わなければならない自分の心。

気づかないかもしれないが、今でも「天命」の道を歩いている。

自分自身が「為すべきことを成す」を修め、これからの人生を悔いなく生きたいものである。


すべての人は「天命」を持ち、すべての人は死を迎える。

生まれ、育ち、死ぬ、これこそ大いなる「天命」。

心学者・円純庵

著者プロフィール

円 純庵（えん・じゅんあん）

昭和29年生まれ。山形市出身、京都在住。一般社団法人和の国代表。日本心学院・仁徳学研究所代表。天台宗信濃比叡にて得度。法名「光円」。学生時代は日本一周や欧州亜細亜など世界53ヵ国外遊。イギリスでの生活にて外国留学生と会話のなかから「日本文化」に目覚め、帰国の度に茶道、華道、能楽、俳句、和歌、歌舞伎などの知識の習得や稽古に励み、現在まで研究を続けている。日本文化講演や日本人の根本思想である「道徳」の講座は人気があり、江戸時代に興った心学を平成の世に復活している。「自分の心が自分の人生を創る」「人はどうして悪口を言うのか」など、18年間一日も休まずに配信、心悩む方々への「心薬」になると話題に。SNSでの「心学」は一日4万～5万のアクセス、年間1700万アクセス以上と、多くの読者の支えとなっている。京都・東京にて心学実践塾・仁徳学講座を開講。最近では東京にて仁徳商経講座（企業中心）も開講。著書に『恕―ひとに求めない生き方』（青春出版社）がある。

心学ブログ　http://wanokuni-singaku.seesaa.net/
日本心学院　https://www.facebook.com/nihonshingakuin
Facebook心学　https://www.facebook.com/shingaku001/

天命
—自分の人生を生きるということ

2017年3月1日　第1刷発行

著　者　　円純庵

発行人　　櫻井秀勲
発行所　　きずな出版
東京都新宿区白銀町1-13　〒162-0816
電話03-3260-0391　振替00160-2-633551
http://www.kizuna-pub.jp/

装　幀　　池上幸一
印刷・製本　モリモト印刷

ISBN978-4-907072-91-9

きずな出版

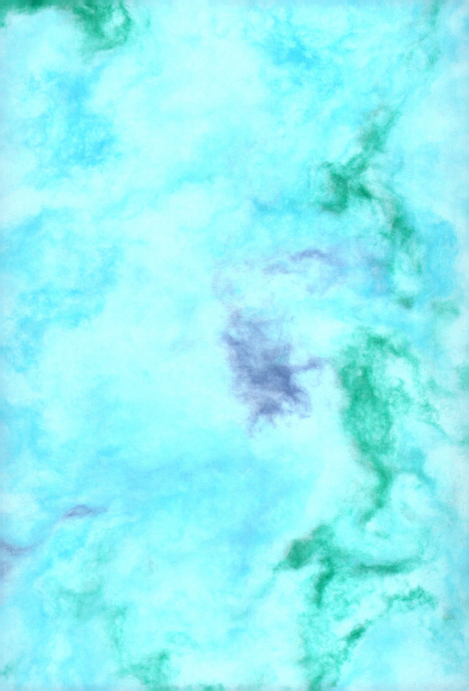